AF413259

Tanaman Pepohonan

Untuk Menjernihkan & Menetralisir

Air Limbah Beracun Berbahaya

Dari Kawasan Perairan Laut Sungai Danau

by

Jannah Firdaus Mediapro

2021

Jannah Firdaus Mediapro Publishing

2021

Prolog

Tanaman Pepohonan Untuk Menjernihkan & Menetralisir Air Limbah Beracun Berbahaya Dari Kawasan Perairan Laut Sungai Danau Versi Bilingual Dalam Bahasa Indonesia Serta Bahasa Melayu.

Alam Lingkungan telah menyiapkan jenis tanaman yang dapat mendegradasi dan mengakumulasi logam berat (*hiperaccumulator*) secara alami natural. Tidak saja sebagai menyerap karbon dioksida jenis tanaman air ini terbukti sangat efektif membantu menetralisir logam berat beracun berbahaya akibat pencemaran di kawasan perairan.

Tumbuhan hiperakumulator adalah tumbuhan yang mempunyai kemampuan untuk menyerap logam berat di dalam biomassanya dalam kadar yang luar biasa tinggi. Kemampuan mengakumulasi logam, misalnya nikel sebesar 10 mg/kg berat kering (setara dengan 0,001 %), tetapi tumbuhan hiperakumulator logam mampu mengakumulasi hingga 11 % berat kering.

Logam berat yang mencemari lingkungan, baik dalam udara, air, dan tanah berasal dari proses alami dan kegiatan industri. Proses alami dapat berasal dari bebatuan gunung berapi yang terlepas, memberikan kontribusi ke lingkungan baik udara, air, dan tanah. Kegiatan manusia (*antrhopogenic*) seperti kegiatan industri, pertambangan, pembakaran bahan bakar, serta kegiatan domestik lain yang mampu meningkatkan kandungan logam di lingkungan udara, air, dan tanah.

Logam berat dapat menjadi racun bagi manusia apabila dikonsumsi dalam jumlah yang berlebih. Meskipun semua logam berat dapat mengakibatkan keracunan pada makhluk hidup, sebagian dari logam-logam tersebut tetap dibutuhkan oleh makhluk hidup.

Kebutuhan tersebut berada dalam jumlah yang sangat sedikit. Karena logam-logam tersebut ada yang dibutuhkan tubuh, maka logam-logam tersebut juga dinamakan sebagai logam-logam atau mineral-mineral esensial tubuh.

Logam berat yang ada di lingkungan perairan menjadi persoalan karena terakumulasinya sampai pada rantai makanan, dan mencemari lingkungan. Makhluk hidup dan organisme mengalami keracunan kronis apabila produk yang dikonsumsinya mengandung logam berat.

Versi Bahasa Indonesia

Mengenal Aneka Ragam Tanaman Pepohonan Untuk Menjernihkan & Menetralisir Limbah Beracun Berbahaya Dalam Bahasa Indonesia

1. Tumbuhan Obor (*Typha Latifolia*)

Tumbuhan Obor (*Typha latifolia*) merupakan tanaman dari suku *Typhaceae*. Tanaman *Typha latifolia* dapat ditemukan di rawa yang terdapat di hampir setiap benua. Tumbuhan ini banyak kita jumpai pada daerah tropis dan biasanya tumbuh berkelompok pada daerah yang tergenang air.

Tumbuhan *Typha latifolia* memiliki daya tahan yang tinggi terhadap perubahan cuaca dan kondisi lingkungan lainnya.Tumbuhan ini dapat digolongkan kepada jenis tumbuhan hiperakumulator.

Kemampuan tumbuhan dalam menyerap logam yang begitu besar menjadikan tumbuhan ini digunakan sebagai alternatif dalam menyerap limbah logam.

2. Tanaman Enceng Gondok

(*Eichhornia Crassipes*)

Tanaman Eceng Gondok (*Eichhornia crassipes*) pertama kali ditemukan oleh Carl Friedrich Philipp Von Martius, seorang biotanis berkebangsaan Jerman pada tahun 1824 ketika sedang melakukan ekspedisi di Sungai Amazon, Brazil. Eceng gondok pertama kali didatangkan ke Indonesia pada tahun 1894 dari Brazil untuk koleksi Kebun Raya Bogor.

Namun akibat pertumbuhannya yang sangat cepat mengakibatkan menutupi seluruh kolam. Eceng gondok tersebut dibuang melalui sungai dan Beberapa tahun kemudian tumbuhan ini telah berubah status menjadi gulma utama dan termasuk sebagai gulma air penting nomor satu di Indonesia.

Eceng gondok merupakan tanaman yang tumbuh subur pada daerah perairan.

Pertumbuhannya sangat dipengaruhi oleh aktifitas manusia (*anthropogenic*) seperti aktifitas pertanian dan peternakan maupun aktifitas rumah tangga.

Pengayaan kandungan nitrat dan phospat pada perairan merupakan dampak meningkatnya pertumbuhan eceng gondok.

Penelitian yang dilakukan Hartanti et,all (2013), Fitoremediasi menggunakan tanaman eceng gondok pada limbah cair penyamakan kulit dapat menurunkan kandungan logam chromium hingga sesuai dengan Peraturan Pemerintah №82 Tahun 2001.

Hasil penelitian Puspita et,all (2011) menyebutkan eceng gondok merupakan agen fitoremediator logam berat kromium terbaik.

Di antara 3 tumbuhan air yang dicobakan, *Eichornia crassipes* merupakan tumbuhan yang paling mampu mampu menurunkan kadar Cr air limbah batik, diikuti *Pistia stratiotes* dan *Hydrilla verticillata* dengan persentase penurunan secara berturut-turut : 49,56%, 33,61% dan 10,84%.

3. Kiambang (*Salvinia Molesta*)

Kiambang (*Salvinia molesta*) merupakan salah satu jenis tanaman *fitoremediator* logam berat Cd dan Cr, serta mampu beradaptasi pada lingkungan dengan kondisi kadar garam atau salinitas rendah (<10%).

Salvinia molesta sebagai tumbuhan fitoremediator mampu tumbuh pada nutrisi yang rendah. Selain itu secara morfologis, memiliki diameter daun yang relatif kecil (rata-rata 2–4 Cm), tetapi memiliki perakaran yang lebat dan panjang (Nurma, 2016)

Salvinia Molesta dapat secara efektif menyerap polutan, namun tidak menghalangi penetrasi cahaya kedalam perairan. Aktivitas tanaman ini mampu mengolah air limbah dengan efisien tinggi.

Selain itu juga dapat menurunkan partikel tersuspensi secara biokimiawi (berlangsung lambat) dan mampu menyerap logam berat seperti Cr, Pb, Hg, Cd, Cu, Fe, Mn dan Zn.

Kemampuan menyerap logam berat per satuan berat kering lebih tinggi pada tanaman umur muda dibanding umur tua (Anonim 2015).

4. Kayu Apu (*Pistia Stratiotes*)

Kayu apu (*Pistia stratiotes*) adalah tumbuhan *fitoremediator* yaitu tumbuhan yang memiliki kemampuan untuk mengolah limbah, baik itu berupa logam berat, zat organik maupun anorganik.

Tumbuhan ini merupakan fitoremidiator bagi limbah cair karena kemampuannya dalam menurunkan jumlah BOD, COD, dan warna yang terkandung dalam limbah cair batik.

Selain itu kayu apu (*Pistia stratiotes*) memiliki kemampuan dalam menurunkan kadar pencemar air limbah, yang memiliki kadar organik tinggi.

Secara umum kayu apu adalah tanaman air yang biasa dijumpai mengapung di perairan tenang atau kolam. Kayu apu terkenal sebagai tumbuhan pelindung akuarium.

Tumbuhan ini adalah satu satunya anggota marga Pistia. Orang juga mengenalnya sebagai apu–apu atau kapu–kapu (Safitri, 2009).

5. Hydrilla *(Hydrilla* Verticillata)

Tanaman *Hydrilla verticillata* merupakan tanaman yang melayang di air, sehingga dapat menurunkan bahan pencemar perairan lebih efektif karena bagian daun, batang dan akar terendam di dalam air.

Beberapa penelitian menyimpulkanbahwa tanaman Hydrilla verticillata dapat menurunkan bahan pencemar.

Berdasarkan penelitian Mutmainnah et al. (2015),H. verticillata mampu mengakumulasi timbal berkisar 5058,85 −13194,77 mg.kg-1 selama 5 −20 hari di Danau Ski Air Jakabaring Palembang.

6. Pohon Kayu Putih

(Melaleuca Leucadendra)

Pohon Kayu putih (Melaleuca leucadendra syn. M. leucadendron) merupakan pohon anggota suku jambu-jambuan (Myrtaceae) yang dimanfaatkan sebagai sumber minyak kayu putih (cajuput oil). Minyak diekstrak (biasanya disuling dengan uap) terutama dari daun dan rantingnya. Namanya diambil dari warna batangnya yang memang putih.

Tumbuhan ini terutama tumbuh baik di Indonesia bagian timur dan Australia bagian utara, namun demikian dapat pula diusahakan di daerah-daerah lain yang memiliki musim kemarau yang jelas.

Minyak kayu putih mudah menguap. Pada hari yang panas orang yang berdekatan dengan pohon ini akan dapat membauinya dari jarak yang cukup jauh.

Sebagai tumbuhan industri, kayu putih dapat diusahakan dalam bentuk hutan usaha (agroforestri). Perhutani memiliki beberapa hutan kayu putih untuk memproduksinya. Minyak kayu putih yang diambil dari penyulingan biasa dipakai sebagai minyak balur atau campuran minyak pengobatan lain (seperti minyak telon) atau campuran parfum serta produk rumah tangga lain.

Untuk penggulangan air limbah dari pabrik dapat di kembangkan hutan rawa pohon kayu putih sebagai daerah penyaring dan penjernih air limbah Sehingga menjadi lebih bersih serta aman untuk lingkungan.

7. Pohon Jelutung Rawa

(Dyera Polyphylla)

Jelutung Rawa (Dyera polyphylla) merupakan salah satu jenis pohon andalan untuk merehabilitasi ekosistem hutan rawa gambut yang terdegradasi, karena adaptif di lahan gambut dan memiliki nilai ekonomi, baik dari getah dan kayu. Budidaya jelutung memiliki prospek ekonomi yang cukup tinggi untuk dikembangkan.

Jelutung dapat ditanam dengan pola agroforestri, bercampur dengan komoditas komersial lain, seperti kelapa sawit, pinang, kopi dan tanaman buahbuahan, serta jenis tanaman kehutanan seperti ramin, balangeran, nyatoh, dll.

Dengan laju pertumbuhan diameter batang jelutung rata-rata 1,7 cm/tahun, jelutung dapat disadap pada umur 10 tahun, dan pada akhir daur yaitu tahun ke-30, kayu jelutung dapat dipanen. Tanaman sela seperti jahe, lengkuas dan nanas dapat memberikan penghasilan tambahan, selain produk buah/benih yang dapat dijual sebagai sumber bibit.

Kayu jelutung dapat digunakan untuk industri papan, kayu lapis dan bubur kayu; getahnya untuk industri kabel, alatalat kesehatan, permen karet; sedangkan resin yang diekstrak dari getah jelutung digunakan dalam industri pernis, kosmetik dan bio-farmasi. Dengan memperhatikan sektor industri yang cukup luas dan didukung potensi getah jelutung dari areal rehabilitasi dan lahan milik, industri jelutung dapat berkembang di Indonesia.

Pohon jelutung termasuk tanaman penetralisir limbah beracun, salah satu caranya dengan membuat hutan rawa pohon jelutung di sekita daerah pembuangan air limbah. Hutan rawa dari pohon jelutung akan menyaring dan menyerap logam beracun berbahaya sera menjadikan air menjadi lebih jernih serta bersih.

8. Pohon Kelor (Moringa Oleifera)

Seringkali kita mendengar ungkapan "dunia tidak selebar daun kelor". Kita juga mendengar bahwa daun kelor bisa dijadikan alat untuk mematikan orang yang mempunyai kesakitan.

The Guardian, dalam laporannya menyebut tanaman ini sebagai miracle tree alias pohon ajaib.

"(pohon kelor) seluruh bagiannya bisa dimakan, mulai dari akar sampai kulit kayunya, tumbuh dengan cepat dan tahan kekeringan, dengan benih yang dapat menjernihkan air. Ini adalah sumber berharga di banyak tempat yang oleh organisasi pangan dan pertanian PBB disebut sebagai hasil panen bulan ini," jelasnya.

Seperti apa tanaman kelor, mungkin di antara kita banyak belum mengenalnya. Tanaman bernama latin Moringa Oleifera tergolong tanaman tahunan yang biasanya tumbuh liar. Tumbuhan ini diduga asli dari kawasan barat pegunungan Himalaya dan India, kemudian menyebar ke Benua Afrika dan Asia-Barat.

Di Pulau Jawa, kelor biasa tumbuh sampai ketinggian 300 meter di atas permukaan laut. Tanaman ini sanggup tumbuh di kawasan tropik yang lembap juga di daerah panas, bahkan tanah kering, karena tidak 'rakus' pupuk (unsur hara).

Karenanya, kelor cocok sebagai tanaman "pioneer" untuk penghijauan dan pemulihan tanah gersang. Di lahan kebun, tanaman kelor bisa digunakan sebagai pagar hidup.

Hampir setiap bagian dari tanaman kelor dapat dimanfaatkan, termasuk akarnya. Bisa sebagian bahan kertas, bahan kosmetik, bahan minyak pelumas, obat tradisional, dan sebagai sumber pangan.

Bunga kelor dapat dimasak, selain menyediakan nektar bagi lebah madu. Di masyarakat kita, daun, bunga, dan buah kelor muda biasanya dimasak sayur bobor atau sayur bening. Rasanya sedap, meski ada sedikit rasa pahitnya.

Di India, buah kelor dimasak kari dan diawetkan dalam kaleng untuk dijual di supermarket. Menurut laporan Michael D. Benge, dari Badan Ilmu Pengetahuan dan Teknologi AS, di Washington DC 1987, daun kelor memiliki kadar Vitamin A dan C yang cukup tinggi.

Daun kelor juga dikenal kaya kalsium (Ca) dan zat besi (Fe). Juga sumber fosfor yang baik. Buah mudahnya berkadar tinggi dan kandungan protein tinggi.

Biji buahnya yang tua dan kering menyimpan kadar minyak (lemak) nabati 25–40 persen. Komposisi asam lemaknya, meliputi asam oleat, asam linoleat, asam eiokosanoat, asam palmitat, asam stearate, asam arakhidat, dan lainnya.

Kalau daun dan buah mudanya dapat langsung disayur, biji kelor tua bisa untuk bahan baku pembuatan obat dan kosmetik. Bukan hal baru bila daun kelor dimanfaatkan sebagai tanaman obat. Kalangan masyarakat tertentu memanfaatkan daun kelor untuk mengobati mata ayam yang terluka sehabis bertarung.

Satu hingga dua tetes getah kelor untuk mempercepat penyembuhan luka. Bahkan, mata kambing yang rabun bisa normal setelah ditetesi getah kelor yang berwarna kuning. Seperti dipublikasikan New Scientist (Desember 1983), biji kelor digunakan untuk menjernihkan air sungai yang berlumpur di Sudan dan Peru. Biji kelor memiliki kemampuan antibakteri.

Bahkan Jurusan Teknik Lingkungan ITB dan Fakultas Kehutanan Universitas Mulawarman di Samarinda menggunakan untuk menjernihkan air permukaan (sungai, danau, dan kolam). Biji kelor juga dimanfaatkan sebagai bahan koagulan (bioflokulan) dalam proses pengolahan limbah cair pabrik tekstil.

Biji kelor mengandung zat aktif rhamnosyloxy-benzilisothiocyanate, yang mampu mengaborsi dan mentralisir partikel-partikel lumpur serta logam dalam air limbah atau air keruh.

9. Kangkung (Ipomoea Aquatica)

Kangkung atau Ipomoea aquatica adalah tumbuhan yang termasuk jenis sayur-sayuran dan ditanam sebagai makanan. Kangkung banyak dijual di pasar-pasar.

Kangkung banyak terdapat di kawasan Asia dan merupakan tumbuhan yang dapat dijumpai hampir di mana-mana terutama di kawasan berair.

Masakan kangkung yang populer adalah ca kangkung bumbu tauco atau terasi, juga di wewarungan terdapat pelecing kangkung lombok

Kangkung sendiri memiliki kemampuan lebih cepat dalam menjernihkan air limbah rumah tangga dari pada tanaman kiambang.

Artinya, dengan menggunakan Kangkung bisa menghasilkan dua manfaat sekaligus, pertama sebagai media filter dan kedua sebagai sayuran yang bisa dikonsumsi.

10. Semanggi
(Marsilea Polypodiophyta)

Daun semanggi adalah sekelompok jenis paku air atau Salviniales yang berasal dari marga Marsilea. Tumbuhan ini dapat dengan mudah ditemukan di daerah pematang sawah ataupun tepian saluran irigasi dan sungai.

Morfologi daun semanggi sangatlah khas, dilihat dari bentuknya saja sudah dapat dengan mudah dibedakan dengan tumbuhan lainnya. Bentuk daun semanggi yang khas ini menyerupai sebuah payung yang disusun dari empat anak daun yang saling berhadapan satu sama lain. Akibat bentuknya ini, nama semanggi digunakan untuk beberapa jenis tumbuhan dikotil yang saling bersusun menyerupai sebuah klover.

Daun dari tumbuhan daun semanggi biasanya dijadikan sebagai salah satu bahan dalam makanan yang disebut sebagai pecel semanggi, makanan khas dari daerah Surabaya. Sedangkan organ penyimpan spora atau sporakarpnya banyak dimanfaatkan oleh penduduk asli dari Australia untuk dijadikan bahan makanan pula.

Semanggi mengandung zat fitoestrogen dari tumbuhan yang berkhasiat untuk mencegah osteoporosis. Tumbuhan semanggi juga dapat disebut sebagai tumbuhan bioremediasi karena dapat menyerap serta menetralisir air limbah beracun yang mengandung logam berat Cd dan Pb sehingga kembali jernih dan bersih.

Kemampuan ini tentunya perlu untuk diwaspadai dalam hal penggunaan daun semanggi untuk makanan, apalagi jika daunnya diambil dari lahan yang tercemar logam berat. Berbicara tentang kandungan daun semanggi. Berdasarkan hasil uji penelitian oleh seorang ahli, didapati bahwa prosentase komposisi zat kimia yang ada dalam daun dan tangkai semanggi terdiri atas (1) air 89,02 %, (2) abu 2,70 % (3) protein 4,35 % (4) lemak 0,27 % (5) serat kasar 2,28 %.

Selain itu, daun dan tangkai semanggi juga mengandung zat steroid dan fitokimia serta flavonoid yang masing masing menghasilkan khasiat tersendiri dari olahan daun dan tangkai daun semanggi.

Guna membudidayakan daun semanggi ini, caranya cukup mudah dan menguntungkan. Tumbuhan yang dapat tumbuh dengan cara merambat ini dapat berkembang biak dengan cukup pesat jika dirawat dan diberi pupuk sesuai aturan. Lahan sawah yang cocok digunakan untuk mengembangbiakkan tumbuhan semanggi adalah lahan yang mempunyai sumber air yang cukup, bisa juga dilahan rawa ataupun di lahan yang lembab.

Manfaat sayur daun semanggi dapat diperoleh dengan membudidayakan sendiri daun semanggi. Bibit semanggi sendiri dapat didapatkan pada pematang sawah ataupun tumbuh liar di wilayah gunung. Satu hal yang perlu anda perhatikan adalah apabila mencabut tumbuhan semanggi untuk dijadikan sebagai bibit, haruslah dicabut dengan akarnya agar dapat tumbuh dengan baik.

Setelah bibir semanggi dibersihkan, semaikan bibit tersebut dengan cara diletakkan bergerombol dengan rasio jarak sekitar 30 sampai 40 cm. Pupuk yang dipakai dalam memupuk tumbuhan ini adalah pupuk urea atau ponska. Kebutuhan pupuk dalam budidaya tanaman semanggi pun tidak banyak. Setelah selesai memanen tumbuhan ini, usahakan meratakan kembali batang tanaman semanggi agar tunas mudanya dapa tumbuh dan siap panen di periode selanjutnya dengan baik.

11. Rumput Vetiver

(Chrysopogon Zizanioides)

Rumput Vetiver atau akar wangi ini memiliki fungsi yang baik dalam mencegah tanah longsor, erosi, serta menjaga kestabilan struktur tanah. Rumput Vetiver dalam bahasa latin Chrysopogon Zizanioides memiliki akar yang kuat dan tebal membuatnya tumbuh mencapai kedalaman hampir 5 meter.

Nantinya akar itulah yang akan menahan tanah dari ancaman banjir akibat curah hujan yang tinggi. Di samping fungsi tersebut, tanaman vetiver juga telah lama digunakan oleh para ahli medis untuk mengobati sejumlah penyakit.

Di sisi lain, tanaman vetiver memiliki kegunaan lainnya, yakni mereduksi pencemaran limbah kimia, limbah mercuri dan limbah medis yang beracun serta berbahaya untuk alam lingkungan.

Rumput ini dikenal dengan beragam nama di Indonesia. Di daerah Sumatera Barat dikenal dengan sebutan urek usa; di Sumatera Utara disebut hapias ; di aceh disebut useur; di daerah Jawa disebut narwasetu, usar dan larasetu.

Rumput vetiver telah banyak dibudidayakan di Indonesia dan bahkan telah diolah menjadi minyak akar wangi untuk kebutuhan eksport.

12. Bunga Matahari
(Helianthus Annuus)

Bunga matahari yang kuning ini ternyata bukan hanya bisa dinikmati keindahannya, ternyata mereka juga punya fungsi lain yang tidak terlihat.

Bunga matahari dapat digunakan sebagai pembersih limbah nuklir dan tanah yang mengandung radioaktif serta juga dapat menetralisir berbagai jenis limbah logam beracun di daerah perairan yang tercemar.

Bunga matahari sebenarnya menyerap isotop radioaktif ketika mereka tumbuh. Oleh karena itu, radiasi nuklir dan radioaktif terangkat dari tanah dan menetap di batang bunga matahari.

Manfaat ini dibuktikan dalam tragedi kebocoran reaktor nuklir di Chernobyl tahun 1986. Ketika sebagian besar air di wilayah itu tercemar radioaktif, penanaman bunga matahari di atas rakit mengambang mampu mengurangi dampak radiasi di perairan hingga 95 persen.

Rahasianya adalah struktur akar yang begitu lebat dan kuat sehingga mampu mengekstrak logam-logam berat seperti arsen dan timah. Bahkan unsur radioaktif juga bisa diserap, termasuk uranium dan stronium-90 yang bisa menyebabkan mutasi genetik pada manusia.

Bagian lain dari tanaman bunga matahari yang juga bermanfaat adalah daunnya. Bagian ini mampu meredakan asma dan batuk rejan karena bronkitis, bahkan bisa menyembuhkan luka dan infeksi.

13. Hutan Pohon Bakau

(Rhizophora Racemosa)

Banyak pihak tidak menyadari manfaat hutan bakau ketika pada tahun 1990-an hutan bakau dibabat habis untuk tambak udang. Akibatnya baru terasa ketika lingkungan pesisir rusak.

Abrasi parah tidak hanya menghilangkan daratan, tetapi juga penghidupan warga pesisir. Hutan bakau tidak hanya melindungi daratan dari abrasi, intrusi air laut, serta menahan gelombang, tetapi juga menjadi tempat berlindung berjenis satwa, terutama kelompok krustasea, seperti udang dan kepiting.

Bakau juga menyerap karbon dan logam berat sehingga membantu memulihkan kondisi air yang tercemar.

Fungsi-fungsi tersebut tidak tergantikan ekosistem tumbuhan lain. Karena itu, rehabilitasi terhadap bakau harus terus dilakukan.

Versi Bahasa Melayu

Mengenal Aneka Ragam Tanaman Pepohonan Untuk Menjernihkan & Menetralisir Limbah Beracun Berbahaya Dalam Bahasa Melayu.

1. Tanaman Obor (Typha Latifolia)

Tanaman obor (Typha latifolia) adalah tanaman dari suku Typhaceae. Typha latifolia boleh didapati di kawasan paya di hampir setiap benua. Tumbuhan ini sering dijumpai di kawasan tropika dan biasanya tumbuh secara berkelompok di kawasan yang terendam air.

Tumbuhan typha latifolia mempunyai daya tahan yang tinggi terhadap perubahan cuaca dan keadaan persekitaran yang lain.Tumbuhan ini dapat diklasifikasikan sebagai jenis tanaman hyperaccumulator.

Keupayaan tanaman menyerap logam begitu besar sehingga tanaman ini dijadikan alternatif dalam menyerap sisa logam.

2. Tumbuhan Gondok Air
(Eichhornia Crassipes)

Gondok air (Eichhornia crassipes) pertama kali ditemui oleh Carl Friedrich Philipp Von Martius, seorang biotanis Jerman pada tahun 1824 semasa dalam ekspedisi di Sungai Amazon, Brazil. Gondok air pertama kali diimport ke Indonesia pada tahun 1894 dari Brazil untuk pengumpulan Bogor Botanical Gardens.

Namun, kerana pertumbuhannya yang sangat cepat, ia meliputi seluruh kolam. Gondok air dibuang melalui sungai dan beberapa tahun kemudian tanaman ini telah mengubah statusnya menjadi rumpai utama dan termasuk sebagai rumpai akuatik penting di Indonesia.

Air gondok adalah tanaman yang tumbuh subur di kawasan perairan. Pertumbuhannya sangat dipengaruhi oleh aktiviti manusia (antropogenik) seperti aktiviti pertanian dan penternakan serta aktiviti rumah tangga. Pengayaan kandungan nitrat dan fosfat di perairan adalah kesan peningkatan pertumbuhan gondok air.

Penyelidikan yang dilakukan oleh Hartanti et al (2013), Fediemediasi menggunakan tanaman gondok air dalam air sisa penyamakan dapat mengurangkan kandungan logam kromium untuk mematuhi Peraturan Pemerintah 82 tahun 2001.

Hasil penyelidikan oleh Puspita et al (2011) menyatakan bahawa gondok air adalah agen fitoremediator terbaik untuk logam berat kromium. Di antara 3 tumbuhan akuatik yang diuji, Eichornia crassipes adalah yang paling mampu mengurangkan kandungan air buangan batik Cr, diikuti oleh Pistia stratiotes dan Hydrilla verticillata dengan masing-masing penurunan peratusan: 49.56%, 33.61% dan 10.84%.

3. Kiambang (Salvinia Molesta)

Kiambang (Salvinia molesta) adalah salah satu jenis phytoremediator logam berat Cd dan Cr, dan mampu menyesuaikan diri dengan persekitaran dengan keadaan garam atau kemasinan yang rendah (<10%).

Salvinia molesta sebagai tanaman phytoremediator yang mampu tumbuh dengan nutrien rendah. Selain itu, secara morfologi, ia mempunyai diameter daun yang agak kecil (rata-rata 2–4 cm), tetapi mempunyai akar yang tebal dan panjang (Nurma, 2016).

*Salvinia Molesta*dapat menyerap pencemar dengan berkesan, tetapi tidak menghalang penembusan cahaya ke dalam air. Aktiviti tanaman ini mampu merawat air sisa dengan kecekapan tinggi.

Di samping itu, ia juga dapat mengurangkan zarah terampai secara biokimia (perlahan) dan mampu menyerap logam berat seperti Cr, Pb, Hg, Cd, Cu, Fe, Mn dan Zn. Keupayaan menyerap logam berat per unit berat kering lebih tinggi pada tanaman muda berbanding tanaman lama (Anonymous 2015).

menyerap logam berat seperti Cr, Pb, Hg, Cd, Cu, Fe, Mn dan Zn. Keupayaan menyerap logam berat per unit berat kering lebih tinggi pada tanaman muda berbanding tanaman lama (Anonymous 2015).

4. Kayu Apu (Pistia Stratiotes)

Kayu Apu (Pistia stratiotes) adalah tanaman phytoremediator, yang merupakan tanaman yang memiliki kemampuan untuk mengolah sisa, baik itu logam berat, bahan organik atau anorganik.

Tumbuhan ini adalah phytoremediator untuk sisa cecair kerana kemampuannya untuk mengurangkan jumlah BOD, COD, dan warna yang terkandung dalam sisa cecair batik. Selain itu, kayu apu (Pistia stratiotes) mempunyai kemampuan untuk mengurangkan kadar pencemaran dalam air sisa, yang mempunyai kandungan organik yang tinggi.

Secara umum, kayu apu adalah tanaman air yang biasanya dijumpai terapung di perairan atau kolam yang tenang.

Kayu Apu terkenal sebagai tanaman pelindung untuk akuarium. Tumbuhan ini adalah satu-satunya anggota genus Pistia. Orang juga mengenalinya sebagai apu-apu atau kapu-kapu (Safitri, 2009).

5. Hydrilla (Hydrilla Verticillata)

Tumbuhan Hydrilla verticillata adalah tumbuhan yang terapung di dalam air, sehingga mereka dapat mengurangkan pencemaran air dengan lebih berkesan kerana daun, batang dan akarnya terendam di dalam air.

Beberapa kajian telah menyimpulkan bahawa tanaman Hydrilla verticillata dapat mengurangkan pencemaran.

Berdasarkan kajian oleh Mutmainnah et al. (2015), H. verticillata dapat mengumpulkan timbal dalam lingkungan 5058.85 –13194.77 mg.kg-1 selama 5 - 20 hari di Danau Ski Air Jakabaring, Palembang.

6. Pokok Eucalyptus

(Melaleuca Leucadendra)

Pokok kayu putih (Melaleuca leucadendra syn. M. leucadendron) adalah anggota suku jambu batu (Myrtaceae) yang digunakan sebagai sumber minyak cajuput. Minyak itu diekstrak (biasanya disulingkan dengan stim) terutamanya dari daun dan ranting. Namanya diambil dari warna batang yang berwarna putih.

Tanaman ini terutama tumbuh dengan baik di Indonesia timur dan Australia utara, namun ia juga dapat ditanam di kawasan lain yang mempunyai musim kering yang cerah.

Minyak kayu putih mudah meruap. Pada hari yang panas orang yang dekat dengan pokok ini akan dapat menciumnya dari jarak yang agak jauh.

Sebagai tanaman industri, kayu putih dapat ditanam dalam bentuk hutan usaha (agroforestri). Perhutani mempunyai beberapa hutan kayu putih untuk menghasilkannya.

Minyak kayu putih yang diambil dari penyulingan biasanya digunakan sebagai minyak balur atau campuran minyak ubat lain (seperti minyak telon) atau campuran minyak wangi dan produk rumah tangga lain.

Untuk pengurusan air buangan dari kilang, hutan paya kayu putih dapat dikembangkan sebagai kawasan penyaringan dan pemurnian air buangan sehingga menjadi lebih bersih dan selamat bagi alam sekitar.

7. Pohon Jelutung Paya
(Dyera Polyphylla)

Jelutung Rawa (Dyera polyphylla) adalah salah satu spesies pokok andalan untuk memulihkan ekosistem hutan paya gambut yang rusak, kerana dapat menyesuaikan diri dengan lahan gambut dan memiliki nilai ekonomi, baik dari getah maupun kayu.

Penanaman Jelutung mempunyai prospek ekonomi yang cukup tinggi untuk dikembangkan.

Jelutung dapat ditanam dengan pola agroforestri, dicampur dengan komoditi komersial lain, seperti kelapa sawit, pinang, kopi dan buah-buahan, serta spesies tanaman kehutanan seperti ramin, balangeran, nyatoh, dll.

Dengan kadar pertumbuhan rata-rata diameter batang jelutung 1.7 cm / tahun, jelutung dapat diketuk pada usia 10 tahun, dan pada akhir kitaran, yang merupakan tahun ke-30, kayu jelutung dapat dituai. Tumbuhan seperti halia, lengkuas dan nanas dapat memberikan pendapatan tambahan, selain produk buah / biji yang dapat dijual sebagai sumber biji.

Kayu Jelutung dapat digunakan untuk industri papan, papan lapis dan pulpa kayu; getah untuk industri kabel, peralatan perubatan, permen karet; sementara resin yang diekstrak dari getah jelutung digunakan dalam industri pernis, kosmetik dan bio-farmasi. Dengan memperhatikan sektor industri yang cukup luas dan didukung oleh potensi getah jelutung dari daerah pemulihan dan tanah milik, industri jelutung dapat berkembang di Indonesia.

Pokok jelutung adalah tanaman yang meneutralkan sisa toksik, salah satu caranya adalah dengan membuat hutan paya dari pohon jelutung di sekitar kawasan pembuangan air sisa. Hutan paya dari pohon jelutung akan menyaring dan menyerap logam toksik berbahaya dan menjadikan air lebih jernih dan bersih.

8. Pokok Moringa

(Moringa Oleifera)

Sering kali kita mendengar ungkapan "dunia tidak seluas daun kelor". Kami juga mendengar bahawa daun kelor dapat digunakan sebagai alat untuk membunuh orang yang mengalami kesakitan.

The Guardian, dalam laporannya menyebut tumbuhan ini sebagai pohon ajaib.

"(Pokok kelor) semua bahagiannya dapat dimakan, dari akar hingga kulit kayu, tumbuh dengan cepat dan tahan kekeringan, dengan biji yang dapat membersihkan air. Ini adalah sumber yang berharga di banyak tempat yang disebut organisasi makanan dan pertanian PBB sebagai tanaman bulan ini, "jelasnya.

Seperti rupa tumbuhan Moringa, mungkin ramai di antara kita yang tidak mengetahuinya. Tumbuhan dengan nama Latin Moringa Oleifera dikelaskan sebagai tanaman tahunan yang biasanya tumbuh liar.

Tumbuhan ini dianggap berasal dari wilayah barat Himalaya dan India, kemudian menyebar ke benua Afrika dan Asia Barat.

Di pulau Jawa, Moringa biasanya tumbuh hingga ketinggian 300 meter di atas permukaan laut. Tumbuhan ini dapat tumbuh di kawasan tropika lembap serta di kawasan panas, bahkan tanah kering, kerana tidak 'tamak' untuk baja (nutrien).

Oleh itu, Moringa sesuai sebagai tanaman "perintis" untuk penghutanan semula dan pemulihan tanah gersang. Di kebun, tanaman kelor dapat digunakan sebagai pagar hidup.

Hampir setiap bahagian tanaman kelor dapat dimanfaatkan, termasuk akarnya. Ini boleh menjadi bcbcrapa bahan kertas, bahan kosmetik, bahan minyak pelincir, ubat tradisional, dan sebagai sumber makanan.

Bunga kelor boleh dimasak, selain menyediakan nektar untuk lebah madu. Di masyarakat kita, daun, bunga, dan buah kelor muda biasanya dimasak dengan sayur bobor atau sayur jernih. Rasanya enak, walaupun ada sedikit kepahitan.

Di India, Moringa dimasak dalam kari dan disimpan dalam tin untuk dijual di pasar raya. Menurut laporan Michael D. Benge, dari Badan Sains dan Teknologi AS, di Washington DC 1987, daun Moringa mempunyai kandungan Vitamin A dan C. yang tinggi.

Daun kelor juga diketahui kaya dengan kalsium (Ca) dan zat besi (Fe). Juga sumber fosforus yang baik. Buah yang mudah tinggi kandungan dan tinggi protein.

Biji buah tua dan kering menyimpan kandungan minyak sayuran (lemak) 25-40 peratus. Komposisi asid lemaknya merangkumi asid oleik, asid linoleat, asid eiocosanoic, asid palmitik, asid stearat, asid arakidik, dan lain-lain.

Sekiranya daun dan buah muda boleh menjadi sayur langsung, biji kelor tua dapat dijadikan bahan mentah untuk membuat ubat dan kosmetik. Bukan perkara baru apabila daun kelor digunakan sebagai tanaman ubat. Kumpulan orang tertentu menggunakan daun kelor untuk merawat mata ayam yang cedera setelah bertarung.

Satu hingga dua tetes getah kelor untuk mempercepat penyembuhan luka. Sebenarnya, mata kambing rabun boleh menjadi normal selepas titisan getah kelor kuning. Seperti yang diterbitkan oleh New Scientist (Desember 1983), biji kelor digunakan untuk membersihkan air sungai yang berlumpur di Sudan dan Peru. Biji kelor mempunyai kebolehan antibakteria.

Bahkan Jabatan Kejuruteraan Alam Sekitar, ITB dan Fakulti Perhutanan, Universitas Mulawarman di Samarinda, menggunakannya untuk membersihkan air permukaan (sungai, tasik, dan kolam). Biji kelor juga digunakan sebagai koagulan (bioflokulan) dalam proses rawatan air sisa kilang tekstil.

Biji kelor mengandungi zat aktif rhamnosyloxy-benzilisothiocyanate, yang mampu menggugurkan dan meneutralkan zarah lumpur dan logam dalam air sisa atau air mendung.

9. Kangkung (Ipomoea Aquatica)

Kangkung atau Ipomoea aquatica adalah tanaman yang merangkumi sayur-sayuran dan ditanam sebagai makanan. Kangkung banyak dijual di pasar.

Kangkung banyak terdapat di rantau Asia dan merupakan tumbuhan yang boleh dijumpai hampir di mana-mana, terutama di kawasan berair.

Hidangan kangkung yang popular adalah ca kangkung dengan tauco atau pasta udang, juga di wewarungan terdapat pelangking kangkung lombok

Kangkung sendiri mempunyai kemampuan untuk membersihkan air buangan rumah tangga lebih cepat daripada tanaman kiambang.

Maksudnya, menggunakan kangkung dapat menghasilkan dua kebaikan sekaligus, pertama sebagai media penapis dan kedua sebagai sayur yang boleh dimakan.

10. Semanggi

(Marsilea Polypodiophyta)

Daun semanggi adalah sekumpulan pakis air atau Salviniales dari genus Marsilea. Tumbuhan ini mudah dijumpai di sawah atau tebing saluran pengairan dan sungai.

Morfologi daun semanggi sangat khas, jika dilihat dari bentuknya sahaja ia dapat dibezakan dengan mudah dari tanaman lain. Bentuk daun semanggi khas ini menyerupai payung yang terdiri daripada empat helai daun yang saling berhadapan. Kerana bentuk ini, nama semanggi digunakan untuk beberapa jenis tanaman dikotilon yang disusun bersama-sama untuk menyerupai semanggi.

Daun tanaman daun semanggi biasanya digunakan sebagai salah satu bahan dalam makanan yang disebut pecel semanggi, makanan khas dari daerah Surabaya. Manakala organ penyimpanan spora atau spora banyak digunakan oleh orang asli dari Australia untuk dijadikan makanan juga.

Semanggi mengandungi fitoestrogen dari tumbuhan yang berkhasiat untuk mencegah osteoporosis. Tanaman semanggi juga dapat disebut sebagai tanaman bioremediasi kerana dapat menyerap dan meneutralkan air sisa toksik yang mengandung logam berat Cd dan Pb sehingga menjadi jernih dan bersih lagi.

Keupayaan ini tentunya perlu diperhatikan dari segi penggunaan daun semanggi untuk makanan, terutama jika daunnya diambil dari tanah yang tercemar dengan logam berat. Bercakap mengenai kandungan daun semanggi. Berdasarkan hasil ujian penyelidikan seorang pakar, didapati bahawa peratusan komposisi kimia pada daun semanggi dan tangkai terdiri dari (1) air 89.02%, (2) abu 2.70% (3) protein 4.35% (4) lemak 0.27% (5) serat kasar 2.28%.

Selain itu, daun semanggi dan tangkai juga mengandungi steroid dan fitokimia serta flavonoid, yang masing-masing menghasilkan khasiatnya sendiri dari daun semanggi yang diproses dan tangkai daun.

Untuk menanam daun semanggi ini, kaedahnya cukup mudah dan menguntungkan. Tumbuhan yang dapat tumbuh melalui tanaman merambat dapat berkembang biak dengan cepat jika dijaga dan diberi baja mengikut peraturan.

Sawah yang sesuai untuk menanam tanaman semanggi adalah tanah yang memiliki sumber air yang mencukupi, juga dapat di tanah paya atau di tanah lembap.

Manfaat sayur-sayuran daun semanggi dapat diperoleh dengan menanam sendiri daun semanggi. Benih semanggi itu sendiri dapat dijumpai di sawah atau tumbuh liar di kawasan pergunungan. Satu perkara yang perlu anda perhatikan adalah jika anda mengeluarkan tanaman semanggi untuk dijadikan biji, ia mesti dicabut oleh akarnya sehingga dapat tumbuh dengan baik.

Setelah bibir semanggi dibersihkan, taburkan biji dengan meletakkannya dalam kelompok dengan nisbah sekitar 30 hingga 40 cm. Baja yang digunakan dalam membaja tanaman ini adalah baja urea atau ponska.

Keperluan baja dalam penanaman semanggi tidak banyak. Setelah selesai menuai tanaman ini, cubalah ratakan batang semanggi lagi agar tunas muda dapat tumbuh dan siap untuk menuai dengan baik pada tempoh berikutnya.

11. Rumput Vetiver

(Chrysopogon Zizanioides)

Vetiver rumput atau vetiver mempunyai fungsi yang baik dalam mencegah tanah runtuh, hakisan, dan menjaga kestabilan struktur tanah. Rumput Vetiver di Latin Chrysopogon Zizanioides mempunyai akar yang kuat dan tebal menjadikannya tumbuh hingga kedalaman hampir 5 meter.

Kelak inilah akar yang akan menahan tanah dari ancaman banjir akibat curah hujan yang tinggi. Selain fungsi ini, tanaman vetiver juga telah lama digunakan oleh pakar perubatan untuk merawat sejumlah penyakit.

Sebaliknya, tanaman vetiver mempunyai kegunaan lain, iaitu mengurangkan pencemaran sisa kimia, sisa merkuri dan sisa perubatan yang beracun dan berbahaya bagi persekitaran semula jadi.

Rumput ini dikenali dengan pelbagai nama di Indonesia. Di Sumatera Barat, ia dikenali sebagai Urek USA; di Sumatera Utara disebut hapias; dalam aceh ia dipanggil pengguna; di Jawa disebut narwasetu, usar dan larasetu.

Rumput Vetiver telah banyak diusahakan di Indonesia dan bahkan diproses menjadi minyak vetiver untuk keperluan eksport.

12. Bunga Matahari

(Helianthus Annuus)

Bunga matahari kuning ini bukan sahaja dapat dinikmati oleh keindahannya, ternyata mereka juga mempunyai fungsi lain yang tidak kelihatan.

Bunga matahari boleh digunakan sebagai pembersih sisa nuklear dan tanah radioaktif dan juga dapat meneutralkan pelbagai jenis sisa logam toksik di kawasan perairan tercemar.

Bunga matahari sebenarnya menyerap isotop radioaktif ketika tumbuh. Oleh itu, sinaran nuklear dan radioaktif diangkat dari tanah dan menetap di batang bunga matahari.

Manfaat ini ditunjukkan dalam tragedi kebocoran reaktor nuklear di Chernobyl pada tahun 1986. Ketika sebagian besar air di wilayah ini radioaktif, menanam bunga matahari pada rakit terapung dapat mengurangi dampak radiasi di perairan hingga 95 persen.

Rahsia adalah struktur akar yang begitu padat dan kuat sehingga mampu mengeluarkan logam berat seperti arsenik dan plumbum. Malah unsur radioaktif juga dapat diserap, termasuk uranium dan stronium-90 yang boleh menyebabkan mutasi genetik pada manusia.

Bahagian lain dari tanaman bunga matahari yang juga berguna adalah daun. Bahagian ini dapat melegakan asma dan batuk rejan akibat bronkitis, malah dapat menyembuhkan luka dan jangkitan.

13. Hutan Pokok Bakau

(Rhizophora Racemosa)

Ramai orang tidak menyedari faedah hutan bakau ketika pada tahun 1990-an hutan bakau dibersihkan untuk penanaman udang. Hasilnya hanya dirasakan apabila persekitaran pantai rosak.

Melecet teruk bukan sahaja merosakkan tanah, tetapi juga kehidupan penduduk pantai.

Hutan bakau tidak hanya melindungi daratan dari lelasan, pencerobohan air laut, dan menahan gelombang, Tetapi juga menjadi tempat perlindungan bagi berbagai jenis binatang, terutama kelompok krustasea, seperti udang dan kepiting.

Bakau juga menyerap karbon dan logam berat sehingga membantu memulihkan keadaan air yang tercemar. Fungsi ini tidak dapat digantikan oleh ekosistem tanaman lain. Oleh itu, pemulihan bakau mesti diteruskan.

Daftar Pustaka

Reichenauer TG, Germida JJ (2008). "Phytoremediation of organic contaminants in soil and groundwater".

Das, Pratyush Kumar (April 2018). "Phytoremediation and Nanoremediation : Emerging Techniques for Treatment of Acid Mine Drainage Water". Defence Life Science Journal.

Evans, Gareth M.; Furlong, Judith C. (2010-01-01). Phytotechnology and Photosynthesis. John Wiley & Sons, Ltd.

Rascio, Nicoletta; Navari-Izzo, Flavia (1 February 2011). "Heavy metal hyperaccumulating plants: How and why do they do it? And what makes them so interesting?". Plant Science.

Pollard, A. Joseph; Powell, Keri Dandridge; Harper, Frances A.; Smith, J. Andrew C. (2002-11-01). "The Genetic Basis of Metal Hyperaccumulation in Plants". Critical Reviews in Plant Sciences.

Burken, J.; Vroblesky, D.; Balouet, J.C. (2011), "Phytoforensics, Dendrochemistry, and Phytoscreening: New Green Tools for Delineating Contaminants from Past and Present", Environmental Science & Technology.

Author Bio

"And give good tidings to those who believe and do righteous deeds that they will have gardens [in Jannah Paradise] beneath which rivers flow.

Whenever they are provided with a provision of fruit therefrom, they will say, 'This is what we were provided with before.' And it is given to them in likeness.

And they will have therein purified spouses, and they will abide therein eternally."

(The Noble Quran 2:25)

www.ingramcontent.com/pod-product-compliance
Lightning Source LLC
Chambersburg PA
CBHW050750150726
48196CB00004B/409